孩子爱看的先秦史故事

中国地图出版社 编著

中国地图出版社

·北京·

图书在版编目（CIP）数据

孩子爱看的先秦史故事 ／ 中国地图出版社编著．——
北京：中国地图出版社， 2023.7
ISBN 978-7-5204-3377-8

Ⅰ．①孩… Ⅱ．①中… Ⅲ．①中国历史－先秦时代－
少儿读物 Ⅳ．① K220.9

中国版本图书馆 CIP 数据核字 (2022) 第 247405 号

策　　划　孙　水
责任编辑　杜金璐
编　　辑　郝文玉
美术编辑　徐　莹
插画绘制　原琳颖

HAIZI AI KAN DE XIANQINSHI GUSHI
孩子爱看的先秦史故事

出版发行	中国地图出版社	邮政编码	100054
社　　址	北京市西城区白纸坊西街 3 号	网　　址	www.sinomaps.com
电　　话	010-83490076　83495213	经　　销	新华书店
印　　刷	保定市铭泰达印刷有限公司	印　　张	7
成品规格	165 mm × 225 mm		
版　　次	2023 年 7 月第 1 版	印　　次	2023 年 7 月河北第 1 次印刷
定　　价	29.80 元		
书　　号	ISBN 978-7-5204-3377-8		

目　录

阪泉之野
bǎn

　　四面的狂风裹挟着刺骨的寒意，在这中华大地上肆意呼啸，风中隐约传来震天撼地的擂鼓声和响彻云霄的号角声，搅得每个人心烦意乱。大家都期盼这狂风赶紧停止，同样应该停止的还有阪泉之野（今河北省涿鹿县东南）上那场旷日持久的激烈战争。

　　这是一场五千年前的战争！

　　这是有熊氏和神农氏之间的战争！

　　这已是他们之间的第三次战争，更是决战！

　　阪泉之上，两军阵前，双方首领正在交涉。

　　"第三次了！"有熊氏首领公孙轩辕愤慨地说，"炎帝，你神农氏物产丰厚，雄踞一方，我等周围部落一直尊你

名人简历

炎帝

史前帝王，姜姓。按照"五德"学说，他属火德，因此被称为"炎帝"。在阪泉之战中，炎帝被黄帝收服，与后者一起成为中华民族的共同祖先。

为盟主，望你教化百姓，和睦四邻，怎奈你时常欺凌弱小，又两次蓄意点燃战火！"

神农氏首领炎帝虽一如既往地傲慢，但两战两败，语气不由地收敛了许多："我等神农勇士尚武好斗，从来都是靠战争掳掠四方，壮大部落！自与你交战，虽两次战败，但我心有不甘。如若再败，我便口服心服！"

"真是冥顽不灵！"公孙轩辕恨恨地说道，语气中又带着怜悯之情，"天地育人，本无高低贵贱。只因野兽繁多，而人口稀少，大家为了生存才结成部落，推举首领。作为盟主，你本应带领众人开荒拓地，让大家远离冻饿和野兽的侵袭。可你却高高在上，将百姓当奴隶驱使！今日这一战，我就彻底击碎你的野心！"

原来，在公孙轩辕的领导下，有熊氏逐渐强盛。公孙轩辕足智多谋，善良仁慈，收容、安抚流离失所的百姓。他不仅带领百姓广种五谷，还研究节气变化，促进农业生产。四

孩子爱看的先秦史故事

面八方的部落都来追随公孙轩辕，陆续归附于有熊氏。

有熊氏的崛起令炎帝十分不满。传说，炎帝牛首人身，天生聪慧。他向各部落传授刀耕火种之法，功劳不小。但他孤傲、执拗，盲目信奉强者为尊的理念，使周围的人对他又敬又怕。随着野心的膨胀，炎帝常常带领军队进攻周边部落，倚仗武力使人屈服。这种欺凌行为遭到有熊氏的抵抗。

经过两次激战，神农氏战备耗尽，士气低迷。而公孙轩辕广施恩惠，得到众多百姓的支持，有熊氏因而生生不息，繁荣昌盛起来。

这次的战况和以往不同，公孙轩辕除了操练士卒，还驯

古代常识

二十四节气

所谓节气，是一年中地球绕太阳运行到二十四个规定位置时的日期。

在中国古代，农业是经济支柱。为了不违农时，更好地从事农业生产，古人不断研究四季变迁、气候变化等规律，逐渐摸索出了"二十四节气"，并以之指导农事活动。

二十四节气的名称包括：立春、雨水、惊蛰、春分、清明、谷雨、立夏、小满、芒种、夏至、小暑、大暑、立秋、处暑、白露、秋分、寒露、霜降、立冬、小雪、大雪、冬至、小寒、大寒。

阪泉之野

名人简历

❧ 黄帝 ❧

少典之子。按照"五德"学说，他属土德，因此被称为"黄帝"。通过阪泉、涿鹿两战，黄帝先后败炎帝、杀蚩^{chī}尤，成为原始社会末期部落联盟的领袖。传说，蚕桑、舟车、文字、音律、算数、医学等都出现于黄帝时代。

化了熊、罴^{pí}、貔^{pí}、貅^{xiū}、貙^{chū}、虎等猛兽，增强了攻击力。在阪泉之野，杂乱无章的风渐渐聚集起来，吹得炎帝睁不开眼，吹得神农氏士兵无法前进。见此机会，公孙轩辕一声令下，有熊氏军队借着风势，主动发起进攻。

原野之上，鼓角齐鸣，猛兽当先，有熊氏军队以摧枯拉朽之势一举击溃神农氏军队。

风停了，战争也停了。望着周围凄惨萧条的景象，炎帝的眼眶湿润了。这泪水中，有炎帝对自己狂妄野心、错误行为的懊悔，也有对死伤士兵的愧疚，还有对公孙轩辕心怀黎民、一心为公的感动。三次战败，炎帝心服口服。他认识到，仅凭武力是难以征服人心的。恃强凌弱者，就算得胜于一时，也终究会遭到失败。永怀仁慈之心，才能得到百姓的拥护。在公孙轩辕身上，他看到了仁慈带来的福祉^{zhǐ}和安宁。

和煦的暖风吹散了阪泉之
野上的战争灰烬，吹进了中华大
地的深处。神农氏和有熊氏逐渐
融合在一起，众人感念公孙轩辕
有像大地一样包容万物的仁德，
就尊奉他为"黄帝"（土色为
黄）。最终，炎帝和黄帝结合成
更加坚固的联盟，史称"炎黄"，这宣告了华夏文明的
诞生。

常用成语

炎黄子孙

炎帝和黄帝被尊为中华民族的共同祖先。后来，"炎黄子孙"成了中国人的代称。

古代常识

五行

五行，指木、火、土、金、水五种元素。古人认为，这五种元素可以代表世间万物，且它们相互之间存在生克关系。天地间的各种变化，来自五行的相互作用。

此外，古人为五行赋予了丰富的内涵。比如，木为东方，色青；火为南方，色红；土为中央，色黄；金为西方，色白；水为北方，色黑。

因此，"黄帝"这一名称，还暗含着公孙轩辕在天下之中统领万民的意思。

涿鹿之战
zhuō

一连好几十天，阴雨绵绵不断。虽说雨势不大，却总给人一种隐隐不安的感觉。泥泞难行的道路上，不断有百姓从南方逃往炎黄联盟。这些人衣衫褴褛，瘦骨嶙峋。他们逃离家园的原因有饥饿、病痛，但更多的是内心深处对某个邪恶东西的恐惧。

"好歹毒的人！"

"好可怕的邪术！"

"蚩尤他们是妖怪吗？"

"那些妖怪会不会打到这里？"

……

听了逃难百姓的诉说，有人难以置信地感叹着，有人忧心忡忡^{chōng}地询问着。在逃难百姓口中，蚩尤俨然是一个妖魔。在炎黄联盟中，恐怖的气氛同阴冷的雨水一样与日俱增。

相传，蚩尤是九黎族的首领，共有兄弟八十一人。他们的头颅好似铜铁制成的一般，坚硬无比。他们像野兽一样长着獠^{liáo}牙和利爪，能吞食沙土，更令人害怕的是，他们掌握了妖邪巫术，能引雷附电，呼风唤雨。蚩尤贪婪歹毒，逼迫男女老幼日夜劳作，开采庐山（今江西省庐山市庐山）矿石，冶炼金属，锻造剑戟弓弩等兵器。他的军队无恶不作，攻伐侵夺之处生灵涂炭，断壁残垣之下饿殍^{piǎo}遍地，黎民深受其苦。

蚩尤一路烧杀抢掠，将战火引燃到多年来平静祥和的涿鹿之

地理拓展

庐山

庐山，又名匡庐，位于长江之滨、鄱^{pó}阳湖畔^{pàn}，主峰汉阳峰海拔1473.4米。庐山是著名旅游胜地，也是联合国教科文组织认定的世界文化遗产。历代文人、墨客在此留下了不少佳作，如李白的《望庐山瀑布》。

原（今河北省涿鹿县东南）。

　　阴雨变成了暴雨，越下越冷。滂沱^{pāng tuó}的雨水中，站着一队队士兵，他们组成铜墙铁壁般的军阵，护卫着身后的炎黄联盟。中军大旗下的先锋将军应龙，透过雨幕，模糊地望着对面张牙舞爪、如妖魔鬼怪般的敌军，心急如焚却无可奈何。

　　虽然应龙麾^{huī}下人数众多，声势浩大，但蚩尤施展妖邪巫术，炎黄联盟的士兵离他越近，雨越大，风愈强，雷更响。应龙带领士兵数次冲锋，都不能靠近蚩尤半步。蚩尤催动巫术，施展偷袭之术，炎黄联盟的士兵因此不断倒下。他就是要靠着风雨雷电，慢慢削弱炎黄联盟的兵力。战况愈发危急。

　　在联盟一方，倾盆人雨导致百姓无法从事农业生产。往日欣欣向荣的景象不见了，取而代之的是死一般的沉寂，只剩宫殿内传来的微弱的祷告声。原来，那是黄帝在向上天祈祷。他祈求得到天帝的庇^{bì}佑，战胜蚩尤。

　　突然，这虔^{qián}诚的祈祷声被一阵剧烈的咳嗽声打断！在这

死寂的环境中，这阵咳嗽声是那么具有穿透力。声音来自难民中一位病重的女童，她没有亲人，也没有人认识她。即使她如此孤苦，也没人敢去照顾她，因为大家都怕染上她的恶疾。只有黄帝冒着被感染的风险，不辞辛苦，每日精心照顾女童，可她的病情仍不见好转。

循着咳嗽声，黄帝快步走去，可还是晚了一步。看着逝去的女童，黄帝如父亲般将她抱在怀里，一阵哽咽，泪水滴到女童脸上。

突然，女童的遗体化成一股青烟，腾空而上，消失不见，只留下一片刻满文字的玉符。原来，这女童是天女，名字叫"魃^{bá}"。受天帝指派，她幻化为病重的女童，考验黄帝。见黄帝果真仁德爱民，天帝便将"兵信神符"传授于他。

凭借兵信神符，黄帝破解了蚩尤的妖邪巫术，风止雨霁^{jì}，云散日出，中华大地迎来了久违的阳光。朝着乌云退去的方向，黄帝令应龙进击蚩尤，阳光所照之处，妖魔鬼怪般的敌军尽数覆灭，蚩尤也被斩杀。此后，黄帝将九黎族的百姓解救出来，纳入联盟。经此一战，炎黄联盟更加强大了。

在黄帝之后，帝颛顼^{zhuān xū}、帝喾^{kù}、唐尧、虞舜^{yú shùn}相继成为部

兵神蚩尤

关于蚩尤的结局，还有一种说法：黄帝降伏了蚩尤，让他主管军事，震慑八方。蚩尤死后，天下陷入混乱。于是，黄帝命人画出蚩尤的形象，以示天下。动乱者见了，都以为蚩尤未死，天下回归太平。

落首领，他们带领炎黄子孙继续勇敢地开拓进取，誓将华夏文明发扬光大。

龙门砥^{dǐ}柱

东海（今东海、黄海）之滨，羽山（在今山东省郯城县东北）之巅^{diān}，一个名叫禹^{yǔ}的孩子正在追赶他的父亲。父亲佝偻^{gōu lóu}着身躯，身上穿着破烂不堪的衣服，戴着沉重的枷^{jiā}锁，双目无神，步履蹒跚^{pán shān}。前方就是断崖，断崖下是惊涛骇浪！禹拼命奔跑，可就是追不上，眼睁睁地看着父亲摔下……

"父——亲——"

禹

又称大禹、夏禹，名文命。他奉舜的命令，接替父亲鲧(gǔn)，治理洪水，十三年过家门而不入，终于成功。后来，他继承了舜的王位。

声嘶力竭的嚎叫，将禹从噩(è)梦中惊醒。走出临时搭建的茅草屋，眼前那高耸的龙门山（今山西省河津市西北，西与陕西省韩城市以黄河为界）在夜幕的笼罩下，恰如巨大的阴影，将前方的风景遮盖得严严实实。禹在这阴影下，又想起了往事……

尧帝时代，洪水泛滥成灾，百姓深受其害。禹的父亲鲧(gǔn)受群臣举荐，治理洪水。然而，九年过去了，却毫无进展。舜(shùn)帝继位后，鲧被流放，于是有了开头那一幕。

延伸阅读

尧与舜

传说中，尧、舜是上古时代两位贤明的帝王。后来用以比喻才能高超、品德高尚的人。

鲧因治水无功而被处罚，禹便成了罪人的孩子。他从小受尽冷眼，家人也抬不起头来。鲧曾认为，以凡人之躯对抗这天地间的力量，是痴人说梦，所以他因此悲观消极。与父亲不同，禹下定决心，要彻底治理洪水。这样做，既为拯救黎民百姓，也为恢复家族荣誉。禹成年后，被舜选中，于是他继承父业，准备治水。

龙门砥柱

禹和后稷、益等人一起，组建治水大军。大家一路披星戴月，风雨兼程。刚开始，他们成功处理了一些小的水患，信心十足。然而，当大家来到龙门山后，却被眼前的景象震惊了。

在这里，黄河自北向南而流。由于龙门山的阻塞，积水成渊，山北地区的房屋、田地几乎都被浸泡在水中。如何才能让洪水退去？这重峦叠嶂的

龙门山横亘(gèn)在众人心头，令人窒(zhì)息，让人绝望！

过了好几天，禹也没有找到好的办法。一天夜里，禹又做梦了，这回不是噩梦，而是一个奇怪的梦：也是这黄河中游，也是这龙门山下，数十条鲤鱼在一只三足巨龟的引领下，铆(mǎo)足全力，跳出水面，一次比一次跳得高，前赴后继，始终不弃……最终，它们成功越过龙门山，化为金龙，腾空飞起，而那三足巨龟却悄悄潜入

常用成语

鱼跃龙门

用于比喻升学成功或地位高升。

深渊，为后续的鱼群指引方向。

禹从这个梦中得到启发，召集众人，慷慨陈词："我知道，大家之所以感到窒息，感到绝望，是觉得洪水滔天，凡人渺小，我们无能为力。但如果就此屈服，我们的房屋仍将被冲毁，田地仍将被淹没。要想彻底治理洪水，就从凿开这龙门山开始！只要我们不轻言放弃，不畏惧艰难，日复一日，年复一年，总有一天会征服这龙门山，让天地变色！"

说完，禹拿起青铜锤和尖凿，奋力地砸向山石。众人被禹永不言弃的精神感动，纷纷前来凿山，附近的村民也加入进来。经过无数次的锤打凿砸，龙门山终于被开出了一个大口子，黄河从此奔流南下，积水随之消退，露出一片秀丽的沃野。

龙门砥柱

顺着黄河，一行人继续前进，来到了砥柱山（今河南省三门峡市陕州区东北黄河中）附近。令人意外的

常用成语

中流砥柱

砥柱山屹立于黄河激流之中，该成语用来形容在困境中不屈不挠、力撑危局之人。

17

是，禹治理洪水的举动遭到了附近村民的阻挠。

古时，这里的地貌奇特，砥柱山矗立在黄河中间，将河流一分为二，但两条河道的情况却大不相同：南岸的水流比北岸的更湍急，水下的暗礁也更多。百姓乘船经过，船只时常偏离航向，被激流裹挟着狠狠地撞向南岸的礁石，造成船毁人亡的惨剧。船沉之时，有人侥幸游至北岸河道，才能死里逃生。当地百姓认为，这是鬼怪作祟，便称南岸河道为"鬼门"，北岸河道为"人门"。更糟糕的是，南北河道的河水每年都泛滥成灾，吞噬生灵，两岸百姓人心惶惶，不可终日。

有了开凿龙门山的经验，禹便命众人按部就班，要大干一场。可村民深信，砥柱山是鬼怪隐匿的地方，一旦凿开山石，便会放出鬼怪，为祸人间，所以怎么说都不同意。不仅如此，出于对鬼怪的惧怕，禹的治水大军中有很多人临阵脱逃，治水事业面临中断的风险。

禹明白，治理这滔天的洪水确实不易，要破除百姓对鬼怪的恐惧则难上加难。开凿龙门山的时候，有百姓支持、协助，治水力量强大。现如今，只剩一小部分人愿意跟着自己了。这种孤立无援的状况，更加坚定了禹凿开砥柱山的决心：只有彻底治理洪水，给人们带来生活的希望，才能破除他们心中的恐惧。即使力量微弱，道路坎坷，也毫不动摇，绝不退缩。

禹和众人带上凿山的工具，从北岸下水，游向砥柱山。谁知，当他们接近目标时，意外发生了：河中暗流涌动，一下子把他们卷入漩涡之中。万分危急的时刻，那只梦中的三足巨龟竟浮出水面。它迅速游向漩涡中的众人，将他们驮出危险之地，驮向砥柱山。随后，大家爬上山峰，一下下凿着山石，就像一下下消解着百姓心中的恐惧。随着山石的脱落，砥柱山竟从中间断开，两山之间露出了一条新的河道。

山体断裂，没有鬼怪出现，更没有可怕的事情发生。不仅如此，百姓渡河之时，船只再也没有因偏航而触礁，河水也再未泛滥。他们亲眼看见了禹率领少数人创造的神迹，便将两山中间的河道命名为"神门"。它与"人门""鬼门"一起，合称"三门"。从此之后，砥柱山有了新的名字——"三门山"。

这时的禹并没有因为眼前的成功而自鸣得意。他的思绪全部聚焦在那只三足巨龟身上——传说，禹的父亲鲧死后，落入一个名为羽渊的水潭中，变成了一只三足龟。

三过家门而不入

在治水过程中，禹三次经过自家门前，都不进去。后来，此成语用来形容尽心工作，因公忘私。

来不及多想，禹继续踏上治理洪水的征程。经过十三年的努力，洪水全部消退，留下更加肥沃的土地，滋养着万物。

孩子爱看的先秦史故事

涂山之会

　　黄昏中的涂山（共有三种说法，一说在今安徽省怀远县东南，一说在今浙江省绍兴市西北，还有一种说法是在今重庆市东）山峰上，一块形状奇异的山石在夕阳的余晖下拖着神奇的影子，它像一位女子在痴痴地眺望远方，寻找丈夫的踪迹，又像是出神地看着陆续上山的众部落首领。

　　治水成功后，禹在涂山召集天下各部落的首领，共襄盛会。在治理洪水的征程中，众人团结的强大力量让禹震撼。他希望能通过涂山之会来消除各部落之间的隔阂。在此基础上，大家共同建立天下的新秩序，让天下人凝聚一心，恢复

被洪水破坏得满目 疮_{chuāng yí} 痍的世界。到了大会之期，近一万个首领如约而至，只有防风氏首领未到。

经过漫长的等待，防风氏一族终于到达会场。可没想到，那首领是个冷酷无情之人，对别的部族遭受的苦难漠不关心，不肯主动参与治理天下的事务。因此，这一路上，防风氏一族慢慢吞吞，完全不把会议安排当作一回事儿。到了涂山，那首领也是一副满不在乎的神情，且丝毫不为迟到的行为感到愧疚。

禹看到这种无礼的行为，强压心中的怒火，正式开会。

"按照传统，各部落都是自己管理自己的事情，"防风氏首领一开口，就唱反调，"我可不愿意劳心费神地帮助不相干的人！"

"你就没有一点儿怜悯^{mǐn}之心吗？！"禹愤怒地责问，"洪水肆虐之时，看着天下哀鸿遍野的场景，你难道就无动于衷吗？"

防风氏首领冷冰冰地说："其他部族遭受苦难，那是上天惩罚他们，我管不了，也不想管。"

禹反驳道："以往百姓遭受苦难，都是因为自身力量薄弱，难以对抗突如其来的厄^è运。但在过去的十三年，我们都亲眼见证了众人凝聚起来的力量有多强大！只要团结一致，就一定能战胜苦难，开创太平盛世。现在，我们就是要建立统一的秩序、统一的法令！作为首领，更是要以身作则，要有舍小家、为大家的胸襟，像爱惜自己的子女一样爱惜族人，爱惜天下的百姓！你自私自利，毫无怜悯之心，只想着自家，不管天下苍生，根本不配做首领！"这话如雷霆般击灭了那首领的气焰，又如雨露般给众人带来了希望。

接着，禹下令处决这个自私冷漠的家伙。通过此事，他在天下众首领面前树立了至高无上的权威，打破了众部落各自为政的旧秩序。随后，禹手执象征和平的玉和帛，率领众首领拜祭天地，向天下宣告新秩序的建立！这一刻，一向坚强的禹也忍不住泪水的奔涌。他的泪，不仅是为了天下苍生的美好未来，还饱含对已故妻子的思念和愧疚。

禹的妻子本是涂山氏首领的女儿。新婚不久，禹就踏上了治理洪水的征程，儿子启出生时，他都不在妻子身边。他南北奔波，东西闯荡，即使路过家门也不进。难以想象的是，在禹离家的十三年里，妻子承受了多少辛酸，忍受了多

少苦累。相传，禹的妻子因思夫成疾，死后在涂山山峰上化为人形山石，一直等着丈夫归来。

　　经过涂山之会，天下共同遵从禹的统一号令，部落之间逐渐消弭了隔阂，凝聚在一起，不分彼此。在此基础上，禹建立了中国历史上第一个王朝——夏朝。

鸣条之战

"我拥有百姓，就好比上天拥有太阳。"夏朝的帝王桀（jié）狂妄地叫嚣（xiāo）着，"只有太阳灭亡我才会死去，可是太阳会灭亡吗？！"

自禹（yǔ）建立夏朝的四百多年来，历经十数位帝王，其间虽然也有失国的太康、养龙的孔甲等昏庸君主，但还未有哪位君主像第十七代帝王——桀这样遭到天下人的痛恨。

桀暴虐无道，荒淫无度。相传，桀的爱妃妹喜（mò）特别喜欢布匹被撕裂的声音。为了取悦妹喜，桀就派人征收昂贵的丝帛（bó），专门撕裂给妹喜听。与这极度奢侈的声音形成鲜明对比的，是饥饿中百姓的哭号，是寒冷中黎民的哀鸣，是灾害中苍生的怒吼。

"这太阳什么时候灭亡？我要与桀同归于尽！"华夏大地上，这样的吼声不绝于耳。

与此同时，商族首领汤广施仁政，前去投奔的百姓络绎不绝。据说，汤在野外，见到猎人张开四面大网，想要把来自四面八方的禽兽捕捉殆（dài）尽。汤认为，天生万物，应该合理取用，不能为了满足自己的私欲过度捕捉，于是令猎人撤下其中的三面大网，只允许其使用一面网捕猎。汤曾被桀囚禁于均台（也称夏台，今河南省禹州市南），后来又被释放。汤立德于世，出狱后不断有诸侯前来归附。随着势力的壮大，他在伊尹（yǐn）的辅佐下，起兵伐桀。

出兵以后，汤先是打败了作乱的诸侯昆吾氏，随后剑指鸣条（一说在今山西省运城市安邑镇北，一说在今河南省封丘县东），准备与桀的军队决战。在这关键时刻，汤的将士却有些犹豫。夏朝毕竟统治天下四百多年了，在天下人心中，其政权具有合法性。即便统治者无德，臣下也不敢反对君主。为了消除将士心中的疑虑，在全军面前，汤慷慨激昂地说道：

"不是我犯上作乱，而是桀罪恶多端，统治无道，天下苍生不堪其暴！我敬畏上天，所以不敢不起兵诛杀暴君。桀罪孽^{niè}深重，上天注定会消灭他……"这篇反抗暴政的誓言，被后世称为《汤誓》。

伊尹

商汤重臣，名挚，尹为官号。他协助汤，平灭暴虐的夏桀，建立商朝。汤死后，他先后辅佐汤子外丙、仲壬二王。仲壬死后，伊尹立汤的嫡长孙太甲为王。太甲无道，于是伊尹将其放逐到桐宫（今河南省偃师区西南五里），并摄政。居桐宫三年，太甲悔过自新，伊尹将其迎回，交还国政。这就是历史上有名的"伊尹放太甲"。

经过汤的战前动员，将士们群情激昂，在鸣条大败桀的军队。桀见大势已去，就带着妹喜一路向南，逃窜至南巢（今安徽省桐城市南），不久后死去。汤推翻了夏朝的统治，创建了一个新的王朝——商朝，标志着中国历史上第一次王朝更迭。

西伯拘羑^{yǒu}里

一大片燃烧的木炭上方，架着一根长长的铜柱。铜柱满布膏油，被烈火烧得通红。那猖狂乱舞的火焰，似乎要把一切都吞噬^{shì}掉！只见周围数个凶神恶煞般的士卒，挥着鞭子，狠狠地抽向那些早已气力全无、遍体鳞伤的"犯人"，逼迫他们走上铜柱。这是一种名为"炮格"的酷刑，受刑人即使能忍受腿脚的炙烤，也会因滑腻的膏油，失足于炭火中^{nì}。他们痛苦地号叫着，声音越来越小，直至被烈焰吞没。看着他们的惨状，一旁看台上的纣王^{zhòu}和妲己^{dá}却发出阵阵笑声，这笑声使人心寒，让人厌恶，令人愤怒。而所谓的"犯人"不过是因不满暴政被抓的百姓。

纣王是商王朝最后一代国王，也是出了名的暴君。他沉湎^{miǎn}酒色，宠幸妃子妲己，对妲己言听计从。他肆意搜刮黎民，都城朝歌（今河南省淇县）中的鹿台堆放着数不清的钱财，巨桥仓（今河北省曲周县东北）中囤积着用不完的粮食。不仅如此，为了贪图享乐，纣王还在沙丘（今河北省广宗县西北）增筑离宫别馆。在那里，池子里蓄满了酒，四周挂满肉，他与宠臣、爱姬彻夜饮酒。

姬昌、九侯、鄂侯是朝中最有威望的大臣。九侯因触怒

纣王而惨遭屠戮，鄂侯因劝谏纣王被残忍杀害。姬昌听闻此事，私下常常叹息，竟因此遭到奸臣的诋毁。

"大王，姬昌听闻您杀了九侯、鄂侯，感到非常不满！"崇侯虎一副小人嘴脸，阴险地向纣王告密，"臣还听说，天下诸侯仰慕姬昌的仁德，陆续归附于他，这对大王十分不利！"

由于崇侯虎的陷害，纣王甚至不给姬昌辩解的机会，就将他囚禁在羑里（今河南省汤阴县北）。姬昌虽然身处险境，随时可能被纣王杀害，但他并未丧气、沉沦，而是耐心等待出狱的机会。在这段失去自由的时间里，他在伏羲八卦的基础上演化出六十四卦，为《周易》的产生奠定了重要基础。与此同时，一条针对姬昌的毒计也在纣王心中

姬昌

商末周族领袖，谥号文王。他在位五十年，曾巧妙解决虞（今山西省平陆县北）、芮（今陕西省大荔县东南）两国关于其接壤处的一块土地所有权的争端，建丰（今陕西省西安市长安区西北），将国都从岐（今陕西省岐山县东北）迁至丰。经过他的苦心经营，周国取得了三分天下有其二的局面，为武王灭商奠定了基础。

西伯拘羑里

酝酿着。

伯邑考是姬昌的长子，他以人质的身份为纣王驾车。纣王听闻姬昌擅长算卦，竟丧心病狂地将伯邑考杀害，以此试探姬昌是否真如传闻中一般神算。假使姬昌果真算得出伯邑考被杀，那么，下一个就会轮到他自己！

姬昌明知爱子已经遇害，却强忍着内心的悲痛，表现出一副无知的样子，有效消除了纣王对自己的猜忌。纣王得知了姬昌的表现，毫不掩饰地嘲讽道："谁说姬昌是圣贤，也不过如此嘛！"

此后，纣王对姬昌完全放下了戒心。姬昌的大臣闳(hóng)夭(yāo)、散宜生等人遍求奇珍异宝、骏马、美女，进献纣王。于是，纣王痛快地赦免了姬昌。姬昌重获自由后，将洛水（今陕西省洛河）以西的地方献给纣王，请求他废除炮格酷刑，并获得了批准。纣王又赐给他弓箭斧钺(yuè)，姬昌从此有了征伐诸侯的权力，被尊为"西伯"。

西伯本是周人领袖。他回到故地，奋发图强，广施仁政，境内秩序井然，百姓和睦。

盟津观师

滔滔黄河水，万里奔腾过。数尺水击作千丈浪，百层波掀起万仞涛。这惊心动魄的场面，似是河中的神灵，要把憋久了的怒火，尽情地发泄。黄河北岸的盟津（今河南省孟州市西南）营地，聚集着数百诸侯、千万甲兵，亦是人潮涌动，人声鼎沸。中军大帐外，挤满了请战的人。

◀ 地理拓展

盟津

又名孟津，为黄河渡口。上古时代，禹曾在此治水。东汉末年，为了镇压黄巾起义，朝廷曾在此设孟津关，该关为雒阳附近八关之一。北魏时，朝廷又筑河阳三城于黄河南北两岸及河中洲上。

“臣请求王上下令伐纣^{zhòu}！”其中一个诸侯按捺不住，便率先喊道，“白鱼之征，已显殷商气数将尽，这正是上天的提示！”

“臣请求王上下令伐纣！”又一个诸侯附和道，“赤乌之兆，正显周人国运兴隆，这也是上天的提示！”

“臣等请求王上下令伐纣！”众诸侯齐声高喊，一时间群情激愤。

尽管请战声不绝于耳，大帐内的王上却不为所动。这位王上，就是新继位的周王、姬昌的次子姬发。姬发紧闭双眼，静坐在父亲的牌位前。他面色凝重，在伐纣与否的抉择中苦苦思索。此时，往事一幕幕地浮现在他的脑海中：

西伯姬昌西归故里之后，声望日隆，天下人争相传颂他的仁德。因此，他被四方诸侯尊为

名人简历

姬发

姬昌之子。他继承姬昌的遗志，灭商，建立西周，并将都城从丰（今陕西省西安市长安区西北）迁至镐（今陕西省西安市长安区西北镐京村附近）。

“周王”。九年后，姬昌去世，姬发继承了他的勋业。整顿军旅，姬发有太公望用心指教。整饬政务，他有弟弟周公旦

尽心辅佐。其他大小事情，更有召公、毕公等大臣全心帮衬。两年后，姬发在毕地（今陕西省咸阳市东北）祭祀父亲。他想借此机会，检验诸侯是否真心归附周国。

姬发将父亲的牌位置于中军主车中，自称太子，要奉先王遗命讨伐纣王，并向司马、司徒、司空等领受符节的大臣庄严宣告："在先王牌位前，百官要肃静，群臣要恭敬！我本无知之人，仰赖祖先仁德，才能承接先王功业。现在，定律令，明赏罚，以成就伐纣大业！"随后，太公望颁布军令："士卒即刻集合，乘船东渡，奔赴盟津，不得有误！迟到的一律按军法处斩！"

四方诸侯听闻周王奔赴盟津，就率军前去会合。诸军军容严整，声势赫赫。即使之前没有约定，会师的诸侯仍有八百之多。姬发由此知晓，诸侯效忠，将士听令，伐纣可成。本次行动的目的已圆满达成，但渡河时、过河后分别出

盟津观师

现的异象，却成为意料之外的插曲。

　　原来，姬发的船行至黄河中央时，一条通体纯白的大鱼突然跃入船中。离了水的鱼很快便奄奄一息。姬发见状，不禁想道：殷商崇尚白色，这白鱼难道预示着殷商气数将尽？若真是这样，就请上天再现征兆吧。于是，他以白鱼祭祀上天，然后渡河而去。果然，异象再生。姬发过河后，见一团

流火自天而降，落于他的屋顶上。那流火旋即化作赤色神鸟，其鸣叫声直达云天！因周人崇尚红色，所以众人认为这是周王继承天命的征兆！

然而，伐纣与否，事关天下苍生。所以，经过短暂的兴奋，姬发就重新冷静下来。假使上天真的要灭亡殷商，为什么不直接降下灾难呢？姬发闭了良久的双眼，慢慢睁开了。他看着父亲的牌位，突然间醒悟，并走出中军大帐，向众人宣布：

"尔等未知天命，现在不可讨伐纣王！"此言一出，帐外无数双疑惑的眼睛望向姬发，原本热烈的气氛瞬间冷却下来了。

"我知道，你们受纣王压迫已久，想要借机宣泄怒火，可上天仁爱，怜惜世人！"姬发的语气带着威严，透着悲悯^{mǐn}，"万般罪恶，皆是纣王所为，你们绝不能挟私报复商人！即使天命在我，我也要常怀恻隐之心。纣王仍有兵卒数十万，假使我们现在进攻，必将会触发大规模战争。兵戈一起，血流成河，多少百姓要遭受苦难？这是继承天命的人会做的事情吗？纣王这般残忍，这般暴虐，这般不得人心，用不了多久，他的士兵就会弃他而去，届时我们再出兵讨伐，大事可成！”

一席话说得八百诸侯均折服于姬发。他们一致认为，姬发是秉承姬昌仁政思想的人，是真正的天命所在。于是，大家听从号令，率军归去，静待时机。

牧野之战

"殷纣^{yīn zhòu}罪孽^{niè}深重，为天地所不容。遍告各路诸侯，率师再会盟津！"

周王姬发伐纣的军令一经发出，四面八方纷纷响应！两年了，不仅各路诸侯急于伐纣，姬发也在等待中饱受煎熬（详见"盟津观师"）。盟津观师后，纣王愈发暴虐、奢靡^{mí}，他的长兄微子多次劝谏^{jiàn}无效，感到心灰意冷，遂逃亡而去；宗室比干，为尽臣子本分，忠心苦谏，竟惨遭剖杀；土族箕^{jī}子，见江山将断送于纣王之手，装疯扮狂，每日弹唱以自悲，被纣王误以为真疯，遂遭到囚禁；太师疵^{cī}、少师彊^{jiāng}，对纣王失望至极，怀抱祭祀用的乐器，弃殷奔周。

姬发见时机成熟，继续打出"奉先王遗命"的旗号，率领冲锋战车三百辆，虎贲猛士三千名，精壮甲兵四万五千人，向东进发。按照周人历法，这一年十二月戊午日（公元前1047年），诸侯会师盟津，声势震天。

姬发一脸严肃，向联军宣示："伐纣之战，事关重大，大家定要勠力同心，绝不可松弛懈怠！"他又作《太誓》，言语中充满了愤怒："纣王昏聩无能、偏信宠妃，以致民不聊生，是自绝于上天；纣王冷酷无情，不遵王业正道，竟迫害同族，以致众叛亲离，是自弃于祖先；纣王荒淫无度，为取悦姬妾而作靡靡之音，以致世风日下，是自断于家国！因

地理拓展　商王朝的多次迁都

汤建立商朝后，定都南亳（今河南省商丘市东南），后迁都西亳（今河南省洛阳市偃师区西）。此后为了巩固统治，商王朝又进行了多次迁都。至第十九代商王盘庚迁都到殷（今河南省安阳市西北小屯村）后，有意扭转自中丁以来王朝衰颓的趋势，故再次南渡黄河，迁回了祖先居住的西亳之地。又过了许多年，第二十九代商王帝乙统治末年，殷日益衰败，于是徙都朝歌（今河南省淇县），其幼子帝辛（即商纣王）即位后也定都于此。

此，我代表上天惩罚纣王，务求毕其功于一役！"于是，姬发率联军北上，剑指殷都朝歌（今河南省淇(qí)县）。

次年二月癸(guǐ)亥(hài)夜（公元前1046年），联军到达朝歌城郊，在牧野（今河南省淇县西南）安营扎寨。四千辆战车组成严阵，数万名将士枕戈待旦，更有蛮族勇士远来助阵。第二天清晨，大军列队集合，甲胄(zhòu)鲜明，旌(jīng)旗遮天，无论是贵为君主的诸侯，司徒、司马、司空等高官，还是任职千夫长、百夫长的将领，以及助战的庸、蜀(shǔ)、羌(qiāng)等八族勇士，此时此刻全都屏息无声，挺身而立，目视前方，静待号令。这军阵安然而肃穆，在冉冉东升的旭日下，又是如此庄严而神圣。

"行军万里，皆为此一战！全军听令！高举利戈，排齐坚盾，竖起长矛，听我誓言！"只见姬发左手攥(zuàn)着金斧，右手擎(qíng)着白旗，慷慨激昂地作战前动员，"古人常说：'雌鸡打鸣报晓，家中即将破败！'现如今，纣王全听宠妃、爱姬的妖言，不祭祀先祖，不治理朝政，不善待亲人，不任用贤臣，任由一帮奸佞(nìng)小人压榨百姓，祸乱国家，上天怎能不惩罚纣王？天命在我，亦在你等，今日我与你们代天除恶，伐纣灭商！”

这一席话，好似一阵疾风，瞬间在如林的军阵中激荡起来，每个战士的斗志都被点燃了。接着，姬发作出了具体部署：

“军令：全体将士应协同作战，每前进六七步就调整队形，互相看齐。每拼杀四五次就振奋士气，凝聚军心！

军规：全体将士应奋力杀敌，像饿虎熊罴(pí)般勇猛无畏，像豺(chái)狼螭(chī)龙般刚毅顽强！

军纪：全体将士应仁慈宽厚，禁止伤害前来投降的殷商士兵，要让他们为我军效力！

军法：全体将士应一往无前，如有临阵退缩、松弛懈怠者，一律斩首！”

姬发指挥得当，联军前进有序，向着朝歌进击。在朝阳的映照下，这支威武之师如此耀眼，给长久笼罩在纣王阴暗统治下的百姓，带去希望，带去光明。

纣王听闻联军将至，纠集士卒七十万负隅(yú)顽抗。姬发命太公望率领猛士百人前去挑战，又将兵车三百五十辆、虎贲(bēn)(勇士)三千名、精壮勇士二万三千二百五十人编为进攻主力，向纣王的军队突进。人心向背早已决定了战局。两军对阵之际，殷商兵卒倒戈，引导联军进入朝歌。

即便大势已去，纣王依旧不舍荣华富贵。他登上鹿台，穿着镶满宝玉的锦衣，揣着醉生梦死的妄想，带着他那恶贯满盈的人生，跳进熊熊烈火中，自尽而亡！

或许是因战败而不安，或许是因期盼而激动，殷商百姓全都聚集在朝歌城郊，等待姬发的到来。远处，手执大白旗的姬发在一众诸侯的簇(cù)拥下渐行渐近。他来到百姓身边，说道："纣王之死是上天对他的惩罚。作为殷商子民，大家无须害怕，上天将会为你们降下福祉(zhǐ)！"殷商百姓听了，皆向姬发叩首，表示诚心归附。

由于殷地初定，姬发为了稳定局势，将其一分为三：封纣王之子武庚于邶(bèi)国（今河南省汤阴县东南），又封自己的两个弟弟管叔鲜于鄘(yōng)国（今河南省新乡县西南）、蔡叔度于卫国（今河南省淇县），令他们帮助武庚治理殷商百姓。

姬发自称天子，功臣位列诸侯，共同治理天下，以分封制为基础的周王朝正式建立。

褒姒笑诸侯

人生在世，免不了生老病死。王朝社稷，逃不过兴亡更迭。自武王姬发始，已有十二代天子的周王朝，如同一位年迈的老人，尽显暮景残光。第十二代周天子姬宫湦即位的第二年（公元前780年），不祥之事接连发生，先是镐京（今陕西省西安市长安区西北）附近河水枯竭，然后山石崩裂，大地震动，这一系列灾异似乎预示着王朝的倾覆。

到了姬宫湦即位的第三年（公元前779年），天灾虽已结束，人祸却来了。这一天，王宫大殿内气氛诡异，天子正召集众臣商议要事——更换王后和太子。说是众臣商议，实则是天子独断。几乎没有听取任何朝臣的意见，姬宫湦就强硬地宣布：立爱妃褒姒为新王后，褒姒所生之子姬伯服为新太子。

会后，众臣聚在一起，议论纷纷：

"王后一向贤惠端庄，太子亦无任何过错，他们为何无端被废？！"

"新王后是什么来历？竟蒙王上如此偏爱！"

在议论声中，太史伯阳怅然说道："大祸临头，无可奈何啊！"

此话一出，众人惊愕。伯阳在朝臣中威信极高，所以大家都围了过来，询问详情。

原来，先王周宣王在位时，听到一首童谣："山桑制长弓，箕木做箭囊，定要灭周王！"有一对夫妇正是贩卖此类物件的，宣王知道了，便派士卒前去追捕。为了活命，这对夫妇便逃向褒国（今陕西省勉县东褒城镇）。逃亡途中的某天夜晚，他们在荒郊野外拾得一哭泣不止的女婴，这个女婴就是褒姒。后来，周宣王去世，姬宫涅即位。他派兵攻打褒国，褒国国君为了讨好姬宫涅，便送上已长大成人的褒姒。姬宫涅得到褒姒后便被迷住了。不久，褒姒生下王子姬伯

孩子爱看的先秦史故事

服。如今，天子改立王后、太子。这一连串事情如此离奇，也难怪伯阳预言：这女子怕是要给王室带来灾难！

众臣听罢，内心十分复杂。每个人都明白，身为臣子，应当劝谏王上不要妄行废立，可王上一意孤行，很难听得进去，再加上朝中有虢石父等奸臣，万一他们借机诬陷，强谏的人只怕会遭受无妄之灾。出于这样的顾忌，大臣们虽然忧心忡忡，却都对废立之事缄默不语。本就百弊丛生的朝政，也失去了最后一点儿生机。

这位身世离奇的新王后，以一种十分荒唐的方式，给日渐衰落的周王朝带来了灭顶之灾。

深夜，镐京城的城墙下挤满了一队队甲士。按照规定，镐京若有敌军来犯，白天需扬起狼烟，夜间要点燃烽火，邻近诸侯国见此信号，必须进京勤王（指君王有难，臣下起兵救援）。奔袭而来的军士们顾不得身体的疲惫，急切地搜寻"敌军"的身影。各部队的呼喊声此起彼伏，他们把镐京城周围的每个角落都仔仔细细地搜查过了，可就是找不到狡猾的"敌军"。

褒姒笑诸侯

原来，这一切都是周王设的局。褒姒是个冷美人，周王为了逗王后开心，用尽各种办法，却无济于事，他便想出了这么个荒唐的主意：夜半时分，点燃烽火，谎报军情，骗各路诸侯率军前来。诸侯军围着镐京城打转，寻找根本就不存在的"敌军"。城头之上，看着城下军士又笨又蠢的样子，褒姒果然笑了，周王也为此自鸣得意。

不久，诸侯军意识到自己被愚弄，纷纷望向城头，见周王和王后开心不已，他们又气又恼，纷纷掉头离去。然而，城头上却传来一阵更加放肆的大笑，这笑声令人难受、心寒、失望。

🌸 **延伸阅读**

"烽火戏诸侯"是否确有其事？

有人对"烽火戏诸侯"的真实性提出过怀疑。

历史学家钱穆认为，诸侯分散在各地，并不能同时到达。到了之后，见并无战事，无非休整兵马，待几天就回去了，这有什么好笑的呢？

2012年，清华大学的专家在一组战国竹简中发现了关于西周灭亡的记载，其中并未提到"烽火戏诸侯"的故事，似乎也在某种程度上证明了这个故事并非史实。

就这样，每次周王想要博褒姒一笑，就上演他那"烽火戏诸侯"的拙劣把戏。慢慢地，前来勤王的诸侯军越来越少，而城头那放肆的笑声则越发响亮。

镐京东南方向的申国（今河南省南阳市北）国君——申侯也在大笑。原来，之前被废的王后是他的女儿，被废的太子姬宜臼是他的外孙。申侯对女儿和外孙无端被废的事情耿耿于怀，一直在伺机报复。当他得知周天子"烽火戏诸侯"的荒唐举措尽失人心后，便联合缯国（今河南省方城县一带）、犬戎部落（古戎人的一支，游牧于今陕西省彬州市、岐山一带）进攻镐京。

申侯与周天子之间的仇恨与报复行为我们能理解，但申侯又是怎样联系到缯国和犬戎与他一起对抗周天子的呢？当时，缯国与申国的国土紧邻，自当相互亲近，是盟友关系。而犬戎在上文已提到，是游牧民族，殷周西边的劲敌，曾与周文王、穆王进行过战争，犬戎与西周早有嫌隙。申侯向这两方势力寻求援助，是一定可以增加胜率的。

这次，无论周天子求救的烽火烧得多么猛烈，也没有一

支诸侯军前来勤王。结果，姬宫湦被杀于骊山（今陕西省
西安市临潼区东南）脚下，王后褒姒被掳走，镐京城亦被
洗劫一空。

姬宫湦即位的第十一年（公元前771年），西周
灭亡。

孩子爱看的先秦史故事

平王东迁

战火从来都是无情的。无论是荒凉的王畿（jī），还是繁华的镐京（hào）（今陕西省西安市长安区西北）城内，西周覆灭之际，都免不了一场残酷的烧杀劫掠。

犬戎之祸（róng）（指犬戎人攻入镐京，杀周幽王，毁坏周王宗庙，镐京残破）后，城中满目疮痍（chuāng yí）。宫殿残破不堪，军民死伤无数，幸存下来的百姓早已逃亡远处，偶有一两个蜷缩（quán）在断砖碎瓦旁的人，大概是没力气再站起来了。

整座都城弥漫着死一般的沉寂，哪里还有往日熙熙攘攘（xī rǎng）的景象！

突然，马蹄声和车轮声交织在一起，从城外传来，紧接着是两队甲兵跑步前进的声音。蜷缩者以为戎人又来抢掠，吓得浑身发抖。行军的声音回荡在空寂的都城中，越来越近，愈发震耳。

这支队伍直奔王宫大门。门前，只有零星的守门士卒，其中一人认出，率军前来的是晋国国君姬仇和郑国国君姬掘突。原来，这不是一股势力。而两位国君身后还有一支军队，为首者看起来不像是诸侯。

他们显然是来拜见天子的，但都未穿朝服，而是一身甲胄^{zhòu}。

周幽王死后（详见"褒姒^{bāo sì}笑诸侯"），申侯等人拥立废太子姬宜臼^{jiù}（史称"周平王"）继位。然而，犬戎之祸中，申侯曾以臣子身份攻击天子，这是十分严重的犯上作乱行为。因此，在一些诸侯看来，由申侯拥立的天子得位不正，再加上之前周幽王"烽火戏诸侯"的荒唐之举使天子的权威丧失殆^{dài}尽，姬宜臼继位后更难掌控天下，只好困守这几乎是废墟的都城。在近一年的时间里，他几乎不见有诸侯前来朝拜，现在三股势力突然到访，不知是祸是福。

晋、郑两位国君和那领军者穿过宫门，来到残破的宫殿里拜见天子。大殿之中，天子陈旧的朝服在两位国君闪亮的甲胄前，显得黯然无光。

只是略行了朝拜礼仪，两位国君就像事先商量好似的，命令式地"劝谏"天子迁都雒邑（今河南省洛阳市东北汉魏故城）。

　　显然，天子对此毫无准备。他稍作迟疑，问道："本王非迁都不可吗？两位爱卿难道不能帮助本王重建镐京吗？"

　　姬掘突脸上显出一丝不快，说道："王上怎么就不明白呢？现在镐京及周边破败不堪，犬戎一族还在不远处，

若王上执意不肯东迁，万一他们又来抢掠城池，谁来保障王上的安全呢？"

姬仇在一旁帮腔，言语中透着恐吓之意："王上可不要忘了，之前有诸侯觉得您得位不正，宗室中也有不少人蠢蠢欲动，想取代王上！不过，请王上放心，这些乱臣贼子都已经被我消灭了！有我等保卫，王上不必担心宗庙社稷^{jì}的安危，这天下还是您的。"

其实，不用别人多言，姬宜臼也明白，曾经威震天下的周朝已经不复存在了。若不依靠晋、郑两国，只怕这大周王朝难以延续，所以东迁雒邑^{luò}是没有办法的办法。但两位国君的表现，着实令自己内心难安，谁能保证他们在迁都的路上不会加害自己？

这时，天子的思绪被一席响亮的话语打断了。

"请王上放心，有臣等护卫，定可保证王室安全。"站在两位国君身后的领军者居然开口说话了，"臣是秦人嬴^{yíng}氏首领，位卑职低。但身为臣子，自当为王上分忧。如果王上愿意迁都，臣定当率军保护。日后王上有令，臣也愿倾尽全族之力，拱卫周国天下。"

晋、郑两位国君望向那首领，眼里带着鄙夷之色。秦

秦的起源和发展

嬴氏的先祖为颛顼(zhuān xū)(详见"涿鹿之战(zhuō)")的后人。非子任部落首领时,为周孝王养马,受封于秦(今甘肃省张家川回族自治县东),因此有"秦嬴"之称。传至襄公时,襄公以兵护送周平王东迁,平王封之为诸侯。正文中的秦嬴首领就是秦襄公。至战国,秦国成为"七雄"之一,最后则由秦王嬴政统一六国,建立秦朝。

嬴一族远在西陲之地,与戎狄杂居,是野蛮落后的部族,怎能与诸侯相提并论?至于东迁大计,更轮不到秦嬴说话!

然而,姬宜臼却是另一番心思。相比两位无礼的国君,秦嬴首领显得忠诚、可靠。于是,他立刻喜形于色,不假思索地说:"爱卿一片赤诚之心,着实令人感动。眼下王室穷困,没有什么能够奖赏你的。戎人曾夺走岐(qí)(今陕西省岐山县东北)、丰(今陕西省西安市长安区西北)两地,若爱卿能夺回,本王就将它们赏赐给你,让你位列诸侯!"

"臣定不负王上所托!"秦嬴首领回答得特别响亮。

此话一出,晋、郑两位国君眼前一亮,都露出贪婪的神情。

姬掘突率先说道:"臣也请王上封赏土地。臣的父亲在世时，为了躲避战乱，曾将郑国国民迁徙至雒邑以东的地区，附近有虢（即东虢，今河南省荥阳市东北）、郐（今河南省新密市东）两国，其国君无道，百姓争相归附我郑国。所以，两国有土无民，名存实亡。请王上以天子的名义，正式将这两国并入我郑国！"

姬仇也抢着说："臣消灭了那些乱臣贼子后，暂时接管了他们的土地。臣也请王上以天子的名义，承认我晋国合法拥有这些土地！"

按照当时的法度，没有天子的命令，任何诸侯国都没有权力讨伐其他诸侯国，更别说侵占他国土地了。可现在的形势大不一样，天子只是名义上的天下共主，诸侯不再听从天子的命令。

公元前770年，在晋、郑、秦三国军队的护卫下，姬宜臼率领王室余众东迁雒邑，建立东周。不久，晋、郑两国对有关土地的占领就获得了周王室的承认。

葵丘之会

入夏以后，骄阳似火。喧腾了一整天的大地，在月色的笼罩下，才慢慢找回一丝凉意。宋国（都商丘，今河南省商丘市南）境内，一个名为葵丘（今河南省民权县东北）的地方，却如日间一样嘈杂、燥热。数不清的火把围成一个大圈，亮如白昼。在兵卒的监视下，数百名民夫在火圈中艰辛劳作，难得休息。

这是一处工地，众民夫在这里建造诸侯会盟用的高台。工地虽在宋国境内，高台却是为齐国国君建造的。其实，整个工程量不大，但主管官员为了追求华丽的建筑效果，建了拆，拆了建，可见此次会盟不同以往。

夏季夜短，天很快就亮了。

名人简历

❀ 齐桓公 ❀

齐襄公之弟。襄公死后，诸弟争位。管仲辅佐公子纠，鲍叔牙辅佐小白。管仲箭射小白，中其带钩。最终，小白即位，为桓公。他不念旧恶，重用管仲。桓公在位期间，齐国国势强大，他借此成为"春秋五霸"之首。

齐国宫殿内，国君姜小白（史称"齐桓公"，公元前685年即位）刚穿戴整齐，执掌国政的大臣管仲就领着另外两位大臣前来商议会盟事宜。

行礼后，管仲先开口："禀君上，天子（指姬郑，史称"周襄王"）以宰孔为特使参加会盟。届时，他将代表天子赏赐您三样贵重之物。"

姜小白毫不掩饰脸上的骄傲，笑着说道："天子如此厚赏，不枉寡人扶他登上王位啊。"

管仲听了，露出不安的表情。

接着，一位跟随管仲前来的大臣向姜小白汇报盟台竣工的情况，并呈上了拟好的盟约誓文。

姜小白一边听汇报，一边点头，然后粗看了下誓文，就把它扔在一边。

这时，另一大臣说道："除天子特使和宋国国君外，参加此次会盟的有陈国国君、郑国国君……"

"啰唆！"姜小白不耐烦了，说道，"拣重要的说！"

声音不大，可三位大臣听了，心中都是一震。姜小白见管仲有些不安，不禁问道："爱卿怎么局促不安呢？"

"会盟在即，臣有些紧张。"管仲说道，"这一次，天子派人参加会盟，臣担心我国不慎失了礼节。"

"不必担心。"姜小白又摆出了骄傲的姿态，说道，"天子的厚爱是我应得的。若真有失礼的行为，你及时提醒，寡人一定改正。启程吧，随寡人一起前往葵丘！"

管仲的担心不是没有道理的：自即位以来，姜小白已任齐国国君三十五年。在这期间，管仲主政，齐国的国力日渐强盛。本次会盟之前，由齐国主持的诸侯会盟已有八次，但天子派特使参加的会盟，还是头一次。虽说天子并无实权，但他毕竟是名义上的天下之主，若姜小白因傲慢而失礼，难保诸侯不趁机发难，导致会盟走向战争。这次面见齐君，无疑证实了管仲的担心，只是现在姜小白正在兴头上，管仲才没有劝谏。

会盟之期到了。出现在众人眼前的盟台，与天子宫殿前的平台规模一样，高高耸立。天子特使宰孔和姜小白一起登

上盟台，其余诸侯紧随其后。

会议伊始，特使代表天子赏赐姜小白胙肉（祭祀用的肉）、朱漆弓箭、铜车。宰孔赔着笑，说道："来之前，天子特意嘱咐过，君上年事已高，就不必行礼朝拜了。"

话音刚落，周围的空气就像凝固了一样。其余诸侯像在期待什么似的，死盯着齐国国君接下来的举动。眼见姜小白没有朝拜之意，站在他身后的管仲轻声说道："君上，天子的殊礼昭示的是天子的仁德，臣子之礼彰显的是臣子的忠心。即便天子本人不在场，作为臣子，您也应该像礼尊天子一样礼尊特使。大家可都看着呢！"

姜小白政治经验丰富，经管仲一点，就醒悟了。他立刻俯身下跪，极尽人臣之礼。

施礼完毕，姜小白用余光扫视周围。当他看到众诸侯略感失望的表情，心里很是庆幸。

随后，在姜小白的主持下，会议有序进行。虽然先前有过八次会盟，但每次会盟之后，各诸侯国仍互相攻伐，破坏等级制度的现象也屡禁不止。这一次，为使与盟诸侯彻底和好，不再发生流血事件，大家象征性地放生了会盟祭祀中用到的活物。然后，特使以天子的名义宣读盟约誓文，誓文中明确禁止了各诸侯及其亲属、宠臣的种种逾制行为。

葵丘之会，标志着齐国称霸事业的顶峰。加上此次会

延伸阅读

春秋五霸

春秋时先后称霸的五个诸侯，指齐桓公、晋文公、楚庄王、吴王阖闾（hé lǘ）、越王勾践。一说为齐桓公、宋襄公、晋文公、秦穆公、楚庄王。一说为齐桓公、晋文公、秦穆公、楚庄王、吴王阖闾。一说为齐桓公、宋襄公、晋文公、秦穆公、吴王夫差。

盟，齐国国君姜小白共主持九次诸侯会盟，又因为他之前曾拥立姬郑为太子，使其得以顺利继承天子之位，所以有"九合诸侯，一匡天下"的赞誉。然而，誓文毕竟无法约束战争，会盟反倒激起诸侯争相称霸的野心。自此以后，天下各国将在战争的泥沼中越陷越深。

孩子爱看的先秦史故事

城濮之战

pú

通往晋国的道路上，一辆急速奔驰的马车翻起滚滚黄尘。不难想象，车中人的心情何等迫切。车辆毫不停歇，一过晋境关卡，就直奔晋都绛（今山西省翼城县东南）。

晋国宫殿内，国君姬重耳（史称"晋文公"，公元前636年即位）正和一众大臣议政。这时，宋国使臣紧急求见。姬重耳预感事关重大，便立刻接见了他。宋国大臣、故事开头的车中人公孙固来到大殿，恳请晋君发兵援宋：此前，楚王（指熊恽，史称"楚成王"。早在公元前740年，楚国国君熊通就已僭越称王）亲率大军进攻宋国，形

晋文公

晋文公，晋献公之子，春秋时晋国国君，名姬重耳。姬重耳还是公子的时候，献公要立宠妾之子奚齐为太子，重耳因此受到迫害，流亡在外十九年。后来，在秦军的护送下，他得以返回晋国，成为国君。即位后，他从善如流，改革内政，增强军力。公元前632年，晋军大败楚军于城濮。不久，他主持践土之盟，自此称霸诸侯。

势十分危急。

早年，姬重耳是晋国公子。因国内发生重大变故，他被迫流亡于其他诸侯国。当时，宋国国君襄公曾以国君之礼招待他。后来，姬重耳回国即位，此时宋襄公已去世，但晋、宋两国的关系则愈发紧密。眼下楚国攻宋，他不能坐视不理，便立即召开军事会议，商议对策。

会上，大臣先轸（zhěn）认为，救援宋国不仅可以帮助姬重耳报恩，也是一个称霸天下的良机，所以应当出兵。姬重耳的舅父、大臣狐偃（yǎn）则已作好战略部署：援宋晋军不宜正面迎击楚军，而应从侧面进攻同楚国关系密切的曹（都陶，今山东省菏泽市定陶区西北）、卫（都沫邑（mèi），今河南省淇县（qí））两国，逼楚军救援曹、卫，宋国的危机自然解除。

在姬重耳流亡的时候，曹、卫两国国君都曾侮辱过他，所以狐偃之计正合他的心意。于是，姬重耳命晋国部队分上、中、下三军进击。晋军势如破竹，攻破曹、卫防线。卫国国君出逃，曹国国君则被控制，两国名存实亡。

这一阶段，楚军虽曾分兵救卫，但未能奏效，其主力部队一直在围攻宋国。姬重耳拿下曹、卫后，见未能有效牵制楚军，本想立即援宋，却因顾虑太多而举棋不定。

原来，流亡中的姬重耳，也曾得到楚王的帮助。当年，后者介绍他去秦国，他才在秦人的护送下返回晋国。现在，若援宋，晋军一定会与楚军兵戎_{róng}相见，姬重耳不愿走到那一步。但若不援宋，同样对不起恩人。就在他进退两难之际，先轸再次献计：给楚王透个消息，让他知道晋军已扣押了曹国国君，还打算将曹、卫两国领土并入宋国版图。

楚王当然明白其中的利害：即便楚军攻陷宋国都城，宋国也能凭借新得到的领土复国。另一方面，卫君已逃跑，曹君被扣押，如果楚国不撤军，两个无主之国很可能就此灭亡。如此一来，楚国获利不多，却要背上抛弃友邦的恶名。

楚王无奈，只好下令撤军，然而宋国的危机并没有立即

解除。

宋国境内，楚军营地，除了部分正在警戒的卫士，其余兵卒都在拆除营帐，收纳武器。看着围攻多日却要无功而返的大军，楚王又气、又急、又无奈。正在懊恼之际，楚将子玉前来求见。

"大王，您被耍了！"子玉想要惹怒楚王，于是说道，"晋君昔日流亡时曾蒙大王厚恩，现在竟然利用曹、卫两国来逼我们退兵，简直没把大王您放在眼里！"

楚王长叹一声，吐出心中的无奈："晋君在外流亡十九年，居然还能回国。流亡途中，他受尽苦难，因此知晓民间疾苦，即位后更是爱民如子。如今，晋国实力大增，上天又
庇(bì)佑晋国，我们如何能抵挡得了？"

"臣请战！"子玉固执地说，"只要臣出马，不敢保证一定能击败晋军，至少也能让广大将士回国后不因无功而被轻视！"

楚王也不想就这么灰溜溜地回去。焦躁之际，他竟然想出了一个馊(sōu)主意：自己率主力撤退，让子玉带领少数士卒去和晋军决战。如果能取胜当然好，即便不能取胜，楚军也不会有太大的损失。

子玉得令后，急于证明自己。他还没制订详细的作战计划，就先派大夫宛春出使晋军，帮自己向姬重耳传递口信：只要晋军让曹、卫复国，楚军立即从宋国撤走。

晋军驻地，国君营帐，大臣们对子玉的条件有不同的看法。

狐偃认为，子玉以将军的身份和国君谈条件，是十分无礼的行为，应当立即拒绝。

先轸则反对狐偃的看法。他认为，如果立即拒绝子玉，就没法解救宋国。不如私底下让曹、卫复国，令他们背弃楚国，同时扣押楚使宛春。这样一来，子玉肯定会被激怒，并率军来攻。到时候，一边交战，一边想办法对付他。

晋君姬重耳决定采纳先轸的计策。不久，使者被扣、友邦离去的消息传来，子玉果然怒不可遏，下令进攻。

此时，晋军却后退了九十里。

对于晋军未战先退的动作，有人不解。姬重耳解释道："以前在楚国的时候，楚王对我有恩，当时无以为报，曾许诺楚王：一旦晋、楚交战，晋军将后退九十里，现在正是时候。"

退避三舍

古时行军三十里为"一舍"，三舍为九十里。比喻对人退让，避免冲突。

楚军一方，有不少将士思乡心切，不愿再战。他们纷纷劝子玉撤军，可子玉不听，要求下属全力追击晋军。

不久，双方决战城濮（今山东省鄄城县西南）。

子玉一看对方军阵，顿时愣住了。

原来，晋军阵地居然多了三支部队：宋、齐、秦三国援军。

其实，姬重耳早就在暗中联络友军。他之所以下令晋军后撤九十里之远，不单是为了兑现当年的承诺，更是要暂避楚军攻势，为友军到达争取时间。

楚军兵力本就有限，怎能战胜四国联军？于是，楚军完败，子玉领着残兵败将逃回楚国。

经此一役，晋军不仅获得了军事上的胜利，而且姬重耳也赢得了知恩图报的良好声誉。之后，天子派王子姬虎同姬重耳在践土（今河南省原阳县西南）会盟诸侯，晋国由是称霸。晋君姬重耳成为继齐桓公之后的又一位霸主。

老子出关

幽夜冥冥，暗月无光，满天星斗深嵌在漆黑的苍穹中。众星不拱月，夜空怎么看都显得凌乱。普天之下，缺少了"赫赫宗周"的领导力，又何尝不是一团杂乱。

即使长夜漫漫，天依旧会亮。

黎明时分，正是关卡驻军轮岗的节点。函谷关（今河南省灵宝市东北）上，换岗的士卒刚刚到位，就望到奇异的一幕——在太阳还未升起的天边，出现了一片红彤彤的朝霞，红色中又隐隐透着紫色。可能还沉浸在困意中，守关士卒并没有太多心思欣赏远处的奇景，只是机械地重复着往日的工作：打开关门，检查过往人员。

不一会儿，那片奇异的朝霞竟化作一团淡淡的紫气，伴着微

紫气东来

比喻吉祥的征兆。

风渐渐飘近关城。紫气之下，一人一牛，一路向西，朝函谷关走来。

这时，几点残星，散在天上。晨曦下，那人头戴斗笠，衣着破旧，盘膝骑坐在牛背上，身形高大，只是不够健壮。微风中，衣带和又长又白的须眉缓缓飘起，那人原来是个老者。他驾风仙游，逍遥自在，宛如世外高人！

不一会儿，老人骑牛到了函谷关下，守关士卒原本惺忪的睡眼亮了。他们直勾勾地盯着那头牛，眼中露出贪婪的邪光。那

是一头壮硕的青牛，值不少钱。士卒们只对望了一眼，就达成了默契：捏造个由头，霸占老人的牛。

老人刚进关城，几个手执长戈的士卒马上围了过来。

"站住！例行检查！"一个士卒喝道。随后，他粗暴地将老人从牛背上拽了下来。另一士卒马上夺过青牛的缰(jiāng)绳，牵着就要走，可那牛蹬直了四腿，就是不动。

虽然遇到意外，但老人很镇静。没等他站好，拉拽他的士卒便不怀好意地说："看你这打扮，明明就是乞丐。老实交代，这牛哪儿偷来的？"

见同伴拉不动那牛，第三名士卒挥起皮鞭，"啪"的一声，抽在牛背上，青牛还是不动。

老人既不正眼瞧那咆哮的士卒，也不回答问题，只望着那牛。

感到自己被无视，咆哮的士卒有些不高兴了，又问道："我看你不是盗贼就是奸细，天还没亮透就往关里闯，准备干什么？再不回答，就让你尝尝皮肉之苦！"

"啪""啪"，皮鞭又落在牛背上，青牛长哞了一声，却未移动半步。

“我看你是找打！”咆哮的士卒恼羞成怒，吼道，“先抽你三鞭子再说！”说着，他将皮鞭拿了过来，胳膊向后使劲儿一甩，紧接着就要狠狠地抽向那老人。

“住手！”又一声怒吼，士卒们扭头一看，是关令尹喜(yǐn)。

刚才，尹喜正在屋里打盹儿，却被第一声鞭响惊醒。他走出房门，猛然看见关城上浮着一团淡淡的紫气，预感一位得道圣人即将驾临。接着，又传来鞭响声和士卒的吼声，尹喜循着声音，连忙赶了过来。于是，有了上文那一幕。士卒的暴行被上级喝止，他们只好悻悻(xìng)离开。尹喜连忙上前，施礼道歉。老人也不生气，而是正面回礼。随后，尹喜将老人迎入房内。

此刻，几点残星完全消失了，天色彻底明亮起来。屋内，宾主落座后，老人取下斗笠。尹喜细细端详，发现这老人虽然体形高瘦，但非常硬朗，须发虽白却夹杂着淡黄色，精气神十足。更神奇的是，那团淡淡的紫气竟飘到了屋子附近。于是，尹喜确定，眼前的老者就是那位得道圣人。

之后，双方开始详谈。原来，老人名叫李耳，在周都雒邑(luò)（今河南省洛阳市东北）管理王室藏书。因见诸侯互相侵伐，而周王室无力管制，李耳对政治感到失望，便辞去官职，云游四方，今天西行来到函谷关。

身处乱世，尹喜也颇感痛苦，只是他做不到如此洒脱，便向李耳求教得道之术。李耳静静地看着他，只说了四个字："道法自然。"

尹喜思索了好一会儿，也想不明白"道法自然"的奥义，就央求李耳详细讲解。李耳却不多说，只是让他拿来几卷竹简和一把刻刀。随后，李耳把简、刀放在书案上，就准备辞行。尹喜见状，觉得奇怪，但又不好阻拦，只好送他出关西去。

尹喜回到屋里。突然，书案上那几卷竹简神奇地自动展开

名人简历

老子

老子即李耳，字聃（dān），春秋楚国苦县（今河南省鹿邑县）人，道家创始人。

老子出关

延伸阅读

鸡鸣狗盗

战国时代，"四大公子"之一的齐国孟尝君被秦昭王扣留。他的门客之一装狗潜入秦宫，偷出狐裘，献给秦王爱姬。爱姬在秦王面前为孟尝君说情，使他获释。孟尝君一行连夜来到函谷关，当时关门紧闭。另一门客学鸡啼，骗开关门，他们终于逃回本国。

了。尹喜连忙拿过竹简，见上面居然刻有文字。原来，竹简上的就是道家传世文献《道德经》，其篇幅达五千多字。通过这篇文献，尹喜终于搞懂了"道法自然"的含义。

陶朱公

东南一隅，月细如钩。某处海岸，涛声似雷。几乎没人察觉到，这个黑漆漆的地方，停泊着一艘木船。

这是一艘越国（都大越，今浙江省绍兴市）的船，将要驶往齐国（都临淄，今山东省淄博市北）。在这里泊了快一夜，该船却迟迟没有起航。船上不点灯火，而舱内则坐满了人。一个披着黑色斗篷的人站在船头，面向岸边远眺。

"大人，是不是该起航了？"船夫过来提醒他。听了船夫的话，那位披着黑斗篷的"大人"没有任何反应。船夫不禁纳闷：这位大人真是古怪，看他的样子，也不像是逃难的百姓。可他一身黑衣，又是深夜行船，说不定正遭越国通缉。万一自己拿不到船费，还因窝藏逃犯被抓，可怎么办？

难怪船夫这么想，因为除了船上同行的人，没人能想到，藏在黑斗篷下的人是越国重臣——上将军范蠡。他对船夫的话充耳不闻，是因为往事正占据着他的脑海。

十九年前（公元前494年），吴王夫差（公元前495年即位。自公元前585年始，吴国国君就僭称为王）在夫椒（今江苏省苏州市西南太湖中洞庭西山）大败越军，越国国君勾践（公元前497年即位）投降称臣。此后，勾践被迫入吴，为人质三年，其间受尽屈辱。后来，勾践回到越国，在范蠡、文种等贤臣的辅佐下，励精图治，苦心经营。他卧柴薪，尝悬胆，时刻鞭策自己。多年后，勾践君臣终于重建越国，攻灭吴国。功成之后，范蠡受封上将军。

范蠡本来以为，饱受苦难的勾践能够体察民情，成为贤明爱民的国君。然而，灭吴之后，勾践不是珍惜民力、改善老百姓的生活，而是率军北渡淮水（今淮河），在诸侯面前耀武扬威，称霸一方。周天子封他为伯

孩子爱看的先秦史故事

常用成语

卧薪尝胆

形容人刻苦自励，发愤图强。

爵，可他并不满足，竟然野心膨胀，自称大王。

越君勾践摇身一变，成了越王勾践，这让范蠡失望至极。他认为，飞鸟尽，良弓藏，狡兔死，走狗烹。如果继续待在勾践的身边，迟早会遭受灾祸。

陶朱公

"大人！大人！天都要亮了！"船夫的喊声急促、响亮，范蠡被拉回到现实中。

"那就走吧！"范蠡早已看淡了名利，所以他的语气十分轻松。

乘着海风起航吧！去新的环境！开始新的生活！

船只北渡大海，抵达齐国。此后，范蠡一家脚踏实地，辛勤耕作。他还和儿子合力经营产业，没几年就积累了巨额财富。

一天，齐国国君派人前来，要请范蠡出任丞相一职。但他已无心问政，便谢绝了齐君的邀请。

81

此后，范蠡散尽家财，救济乡邻，又带着家人搬迁至陶（今山东省菏泽市定陶区西北），并化名朱公。此后十九年内，他三次发财，每次都能赚取千金。因其长居陶地，天下人便称他为"陶朱公"。后来，"陶朱公"成为富商的别称。

围魏救赵

　　战国时代，诸侯互相角逐、制衡。在这一过程中，深谙
韬略的兵家走向历史前台，留下了脍炙人口的故事，创造了
不朽的思想遗产。

　　公元前354年，魏军围攻赵都邯郸（今河北省邯郸
市），次年赵国向齐国（都临淄，今山东省淄博市北）求
援。如果赵国被魏国吞并，魏国（都大梁，今河南省开封市

西北）将实力大增，这是齐国不愿接受的结果，所以齐王决定发兵救赵。

齐国边境，援赵大军已集结完毕。这时，主将田忌骑着高头大马，正在检阅部队。此次出征，辅佐他的是军师孙膑。孙膑不能骑马，只能乘车——他是一位双足残疾的人。

尽管孙膑的身体有缺陷，可自从他到了齐国以后，田忌一直对他礼遇有加，从未因他的特殊情况而轻慢于他，其缘由要从孙膑的来历说起。

传说，孙膑是春秋时吴国名将孙武的后代。求学时，他和庞涓（juān）是同窗，两人一起学习兵法。庞涓是一个自私阴险的小人，他一直妒忌孙膑的才能，担心孙膑超越自己。学成后，庞涓到了魏国，得到魏王（指魏罃（yīng），史称"魏惠王"）的赏识，做了将军。可他还是担心孙膑将来会与他争权夺利，便实施毒计：

庞涓秘密地派人到孙膑处，把他骗到魏国。然后，庞涓捏造罪名，陷害孙膑，对他施加酷刑，这导致孙膑双足残疾。不仅如此，庞涓还命专人严密监控孙膑的动向，不让他

孙武

春秋末思想家、兵家奠基人，世称"孙子"，齐国人。孙武曾与吴王讨论兵法，后为吴将，率军攻破楚国。《孙子兵法》是他的代表作，在中国军事理论发展史上占据重要地位。

有任何逃走的可能。就这样，孙膑一直困于魏国，在屈辱中饱受煎熬。

然而，天无绝人之路。一天，孙膑听说齐国使者出使魏国，便想尽办法，私下与齐使取得联系。一番交谈后，齐使觉得这位残疾的"罪犯"绝不是普通人，而是具有大才的奇人，便将他藏入车内，偷偷带回齐国。

到了齐国，孙膑见到齐将田忌。田忌同情他的遭遇，奉其为座上宾。

当时，齐国上层流行赛马，田忌也热衷于此，经常和一帮贵公子比赛。孙膑见马分上、中、下三等，就向田忌献策：以他的下、上、中三等马分别与对手的上、中、下三等马同场竞速。田忌采纳了孙膑的建议。到了比赛当天，田忌虽然输了第一阵，却依靠自己的上马、中马连扳两城，赢得了比赛。

围魏救赵

田忌赛马

以部分的牺牲换取总体的成功，也比喻采用科学策略取胜。

赛马，表面上是游戏，却蕴含着兵法的奥妙。孙膑只是稍作调整，就能转败为胜。田忌由此得知，孙膑足智多谋，是一位难得的军事人才，便把他引荐给齐王（指田因齐，史称"齐威王"）。

见到孙膑后，齐王向他请教兵法。君臣问答之际，齐王完全折服于孙膑，立即请他担任军事顾问。

兵者，国之大事。现在，齐国要发兵援赵。在选择主将时，齐王非常慎重，反复考虑，认为孙膑是最佳人选。然而，孙膑说，自己受过刑，不适合当主将，所以坚决推辞。于是，齐王就以田忌为主将，孙膑为军师，命二人紧密配合，完成任务。

齐国边境，军队检阅已毕，但关于救赵的军事战略，田、孙二人还没有达成一致。

主将田忌认为，赵都邯郸已经落入魏军手中。此时，魏

孩子爱看的先秦史故事

军可能正在邯郸附近搜捕逃亡的赵国宗室，或者追击赵军的有生力量。一旦让魏军得手，赵国定会灭亡。现在，形势十分紧迫，齐军应该马上驰援邯郸，与魏军决战。

田忌的思路有一定道理，但孙膑却有更深层次的考虑。他认为，魏军攻势正盛。如果齐、魏正面交锋，即使齐军取得胜利，也会折损大半兵力，倒不如另做打算。于是，他向田忌进言："将军一定知道，想要解开一团乱麻，不能生拉硬拽。想要劝解一场斗殴，不能与打斗者打在一起。兵法也是这个道理，现在魏国的精锐部队都在赵国境内作战，国内只有一群老弱残兵。将军不如率领主力部队直接进攻魏国都城大梁，如此一来，魏军主力定会火速回援。这样，不仅能解救赵国，我军还有机会重挫魏军！"

听了孙膑的分析和建议，田忌深以为然，并作出相应的安排。此后的战局，好像是被孙膑操控了一般。齐军开始进攻大梁后，魏军果然撤出邯郸，并在桂陵（今河南省长垣市西南）遭到齐军的猛烈阻击，损失惨重，赵国遂转危为安。

围魏救赵

87

长平之战

赵国（都邯郸，今河北省邯郸市）西境，长平（今山西省高平市西北）城外，布满了大大小小的秦军营帐。此时，望着面前高大坚固的城墙，向来以"虎狼之师"著称的秦军竟安静了许多，不少秦兵在无奈、焦虑中渐渐消磨着斗志。

长平城内，坚守着几十万赵军。任凭秦军怎么叫骂、挑战，他们也不出关迎敌。在此之前，秦、赵两军数次交锋，虽然秦军胜多败少，但一直没能重创赵军。而且，赵军主将廉颇老成持重，几次小败后便调整战略，转攻为守。

"廉颇不愧为赵国名将，既务实又老辣。对我军来说，这真是要命的一招！"秦军主将王龁束手无策。

秦军离国远征，军需运输困难。相比之下，赵国的后勤通道非常顺畅，相关物资源源不断地被送到前线。因此，两军对峙的时间越长，秦军的战斗力就越弱。廉颇要用时间换空间，不断消耗秦军，令其不战而退，再伺机消灭对手。

秦军每日的粮草消耗巨大，而且军营里士气低落，厌战气氛浓厚，再这么拖下去可怎么得了！是转变进攻方向，还是继续对峙，等待后援？王龁不敢做主，就将前线军情呈至咸阳（今陕西省咸阳市东北）秦王宫。

秦王宫中，在位四十余年、阅历丰富的秦王（指嬴稷，史称"秦昭襄王"，公元前306年即位）采纳了秦相范雎的反间计：

名人简历

～ 廉颇 ～

战国赵名将。赵惠文王时，廉颇为上卿，屡建军功。赵孝成王时，他坚守长平三年，迫使秦用反间计，反间计奏效，才遭撤换。后来，他再获启用，战胜入侵的燕军。赵悼襄王时，廉颇不受重用，投奔魏国，也不得志。后入楚国为将，死于寿春（今安徽省寿县）。

秦国间谍潜入赵国，到处散布流言，说秦军主将最担心与赵国名将赵奢的儿子赵括为敌，根本不把廉颇放在眼里，赵军投降是迟早的事！反间计果真奏效，赵王（指赵丹，史称"赵孝成王"，公元前265年即位）听了流言，要撤掉廉颇，让赵括赴长平前线，担任主将。

惊闻此事，病重的赵国上卿蔺相如不由得倒吸了一口凉气。尽管他的双睑显得枯瘦，但眼眸仍不减政治家的深邃，他仿佛已看到了赵括的结局。

沉吟许久，考虑再三，蔺相如走下病榻，强打精神，换上朝服——他要入宫劝谏赵王。

一路催促，马车很快到了王宫。

时值七月，天气闷热难耐。得知蔺相如求见，赵王心下不快：这位老臣身体欠佳，不在家静养，乱跑些什么？但蔺相如功劳大，资历深，并非普通大臣，赵王只好耐着性子，不太情愿地接见了他。

见面后，赵王正要关心蔺相如的病情，蔺相如却抢话道："老臣听说，王上要撤廉颇，换赵括。那赵括虽是名将之子，又自幼随其父学习兵法，但并无实战经验。这次，您让他担任军中主将的要职，臣担心他不能胜任！"

这话不是凭空捏造的。赵括熟读兵书，颇有军事理论修养。赵奢生前，曾多次与儿子辩论军事问题，却不能驳倒他。然而，知子莫若父。赵奢认为，儿子空谈军略，又缺乏实战经验，并非将才。蔺相如掌握了赵括的上述情况，才来宫中苦心劝告。

赵王却不以为然，他认为虎父无犬子，赵括可能比不上赵奢，但也差不到哪儿去。他反驳道："爱卿所言……"

"王上，熟读兵书不一定就懂战争。能在战场上随机应

蔺相如

战国赵大臣。赵惠文王得"和氏璧",秦昭襄王知道后,谎称愿以秦十五城交换。蔺相如奉命携璧入秦,当廷力争,坚持先割城再交璧,留下了"完璧归赵"的佳话。后来,他随赵惠文王到渑池（今河南省渑池县西）与秦王相会,以大智大勇使赵王免受屈辱,回国后因功任上卿,在同僚廉颇之上,这引起廉颇的不满。而蔺相如一再容忍,使廉颇悔悟,负荆请罪,两人成为刎颈之交。

变,将兵书上的知识灵活运用才真的懂兵法。赵括是不具备这一能力的,所以,臣恳请王上不要换将。只要廉将军在前线,秦军就一筹莫展,不久定会退兵!"蔺相如已顾不上尊卑之别,急切地打断了赵王的话。

两次被抢话,赵王脸上已现愠色,严厉地说道:"蔺大人知道廉颇在前线是什么表现吗?!败了好几仗不说,竟躲到城墙后面,不敢出战,我军的脸面都让他丢尽了!秦将都害怕与赵括为敌,只有赵括出马,才能击退秦军,重振我军军威!"

在赵王口中,自己从"爱卿"变成"蔺大

如怎会听不出赵王心中的怒火？可为了几十万赵军，为了赵国，他今天必须犯上力争。一瞬间，当初那个"完璧归赵"的孤胆英雄回来了。

"王上说，秦将害怕与赵括为敌，怎知这不是秦人的反间计！瑟上有柱（短木），用来张弦，从而调音。如果柱被粘住，音调就不能调节。王上一定要让赵括任主将，和胶柱鼓瑟一样危险。琴弦崩断，大不了弄伤手指。若主将无能，我军几十万士卒必将死无葬身之地！"一口气说下来，蔺相如已是满头虚汗，气喘连连。

常用成语

胶柱鼓瑟

比喻固执拘泥，不知变通。

句句忠言，在赵王听来却很刺耳：蔺相如这是在嘲讽他愚昧无知、用人不当！殿内闷热，更热的是赵王的怒火。他对蔺相如吼道："依蔺大人所言，有真本事的人只有廉颇了。哦，本王想起来了，你蔺相如与廉颇交情深厚。莫不是你怀有私心，想帮廉颇保住官职，所以才找借口哄骗寡人？！蔺大人还是多关心自己的病情吧，军国大事就不必费心了！"

话音刚落，赵王一甩衣袖，便离开了。

赵王的小人之心着实给了蔺相如重重一击。望着赵王离去的背影，他在心里发疯似的呐喊。刚才的争论已经耗尽了他本就虚弱的体力，他苍白的脸上无一丝血色，嘴唇不住地发颤，再也说不出一句话。

骄阳似火，王宫里的侍从架起蔺相如，往宫外走。尽管蔺相如冒着汗，可一路上，他的身体都是冷冰冰的。

然而，反对赵括的声音依然存在。就在赵括前往长平的前几日，一封劝止赵括任职的谏言书摆在了赵王的书案上。

这份谏言书是赵括的母亲呈上的。没多久，她就收到了赵王的传召。

施礼毕，赵夫人满面愁容，等待赵王开口。

"儿子担任主将，这是多么光荣的事！怎么做母亲的不仅不高兴，还要反对？"赵王不解，语气中透着责备之意。

"王上，并非是我这个做母亲的不通情理，实在是事出有因。"赵夫人辩解道，"我丈夫在世的时候，认为儿子把战争看得太过简单。若赵括担任主将，定会给赵军带来不幸。他父亲生前体恤士卒，关心下属，深得军心。反观我这个儿子，自从知道要担任主将，就一副趾高气扬的姿态，一些下级军吏甚至都不敢抬头看他。另外，王上赏赐的财物，他从来不愿拿出来与众人分享，这几天还到处打听田地、房产的价格，完全没把军国大事放在心上。这样的主将能得到大军的拥戴吗？于公于私，都请王上不要将他派往前线。"

刚骂走了病重的蔺相如，又来了一个看不上自己儿子的赵夫人，赵王心里很不舒服：怎么自己用个人就这么难呢？他们究竟是觉得赵括无能，还是觉得我赵王无能？

赵夫人的话，赵王一个字也没听进去。他随便找了个由头，将她打发走了。

最终，赵括走马上任。

不久，长平前线，秦、赵两军的士兵还是之前的士兵，领兵之将却都换了人。赵括到任的消息一传到咸阳城，秦王立刻指派一队人马秘密潜入长平城外的秦军大营。

那队人马中，领头的正是秦国名将——武安君白起。一同到达秦营的，还有秦王的命令：白起全面接管军权，对

白起

战国秦名将。秦昭襄王时，白起率军攻克楚都郢（今湖北省荆州市荆州区西北）。长平之战中，他大败赵军。后来，因与范雎的矛盾，他丢掉了官职，被迫自杀。

外仍以王龁的名义发布军令。如有任何人泄露营中的人事变动，立即军法处置。

以上秦军内情，赵军主将赵括一无所知。自上任之后，他就忙着修改廉颇制定的各项制度，并把自己的人安插到重要的岗位上。好一阵忙活之后，长平城的城门开了，赵军蜂拥而出，领头的正是赵括。

静了多日的战场，顿时沸腾起来。两军交战不久，秦军败走。赵括见状，心中大喜，即刻下令全军乘胜追击。

"将军，小心有诈！"一名军吏劝赵括，"秦兵虽然败退，但队形似乎并没有乱，尤其是左右两翼……"

一道寒光从赵括眼中射出，那军吏便不敢多言，只得跟随大军向前冲锋。

一直冲到秦军壁垒，赵军才停下来。那壁垒坚固，一时半会儿难以攻破，赵括便想撤兵回营。这时，他惊讶地发现，全军已掉入秦军的包围圈。之前，秦军佯装败退。赵军追击时，秦军左右两队步兵便迂回到赵军身后！另一队秦军骑兵正冲锋而来！

战场形势瞬息万变，无实战经验的赵括一下子蒙了。随后，他努力让自己镇定下来，并看清了战况：秦军那队骑兵长驱直入，锐不可当，赵军军阵竟被从中截断，一分为二。

此后，两处赵军多次突围，都被秦军挡了回来，赵括只得命令士卒临时构筑壁垒，等待救援。

可惜，赵军的等待是徒劳的，因为秦军早已切断赵军粮道，秦王更是亲临河内（今河南省武陟^{zhì}县西南），并下令当地年满十五岁的男子全部奔赴长平前线，要通过增兵的方法断绝赵国对长平赵军的一切援助。

到了九月，赵军已断粮四十六天，士卒几近崩溃。主将赵括睁着空洞无神的双眼，遥望赵都邯郸，嘴里喃喃地说着什么。

"将军。"赵括的侍卫们见他神态怪异，其中一人便壮着胆子喊他。

连叫了好几声，赵括都没有回应，只是低声自语。他好像是在背书，却一个字也听不清楚。

一阵秋风吹来，众人不禁_{chàn}颤抖。才九月，拂过赵军阵地的凉风，就有刺骨之感。

一阵秋风吹来，众人不禁

颤抖。才九月，拂过赵军阵地的凉风，就有刺骨之感。

一阵干呕声传来，只见秋风下，赵括一边呕，一边倒下。

侍卫们连忙上前扶起他。又过了一会儿，赵括无力地说道："擂鼓——吹号——集合——冲锋——"

"不行啊，将军！"其中一名侍卫叹道，"已冲了四五次，一兵一卒也没能出去。"

"我亲自冲锋！"赵括使劲抬高了嗓门。这次，众人听得清清楚楚，内心猛地涌起一股热流。随后，这最后的军令被传达到各营。

赵军的鼓声低沉，号声嘶哑，很快就被淹没在秦军的喊杀声中。

长平一战，主将赵括率兵突围不成，反被秦军射杀。投降的赵军四十余万亦遭坑埋，只有年龄较小的二百多人被放回报信。

长平之战

战国后期，赵国是唯一能和秦国抗衡的国家。然而，经过长平之战，赵国国势大衰，再也无力阻止秦军东进。统一的大势已成，中国历史即将进入中央集权的大一统时代。

易水悲歌

　　"报——"一名燕军军吏一边叫喊，一边闯进燕国（都蓟 ji，今北京市城区西南）王宫的宫门。朝堂上的人听来，那声音虽发自宫外，却仿佛就在耳边。

　　一年前（公元前228年），"赵军完败""赵王被俘"等秦军攻赵的军报不断传来。刚开始，燕国众臣还为此担忧、惊愕，后来逐渐变成了现在麻木的样子。在朝堂上，他们如泥塑木雕般僵硬地站着，一言不发，只是冷冷地等着边境传来的坏消息。

　　不一会儿，那军吏飞一般地跑进殿内，火急火燎地说道："灭赵后，秦军向北进发，现已逼近我国南境！"在寂静的大殿内，这急促的声音响亮异常，似乎整个朝堂都被震得发颤。

秦军压境，形势危急。强如赵国（都邯郸[hán dān]，今河北省邯郸市），也抵挡不住秦国（都咸阳，今陕西省咸阳市东北）的攻势。燕国弱小，城破国亡或许只在数日之内！

燕国太子姬丹一直屏息而立。听了那军吏带回的最新情报，他越想越惊惧，便满目期待地望向周围。可是，一众王公贵胄[zhòu]，两班文武大臣，仍像往常一样，沉默不言。朝堂上下，竟无一人为国分忧！

姬丹见状，心情跌入谷底的同时，有一股热血涌上心头——众人的冷漠自私坚定了他"刺秦"的决心。

"刺秦"即行刺秦王（即"嬴政[yíng]"，公元前246年即位）。通过这一秘密行动，姬丹试图挽救燕国，而"刺秦"的主角是在燕国游历的卫国（都野王，今河南省沁阳市）人荆轲[kē]。姬、荆两人的计划是，荆轲以使臣的身份前往秦国，伺机[sì]刺杀秦王。

"秦军对燕国虎视已久，随时会渡过易水（源自今河北省易县西，东流至定兴县西南合拒马河），进攻蓟。"姬丹满眼惊恐地望着荆轲，不安地说，"我想长久地侍奉阁下，但燕国若不存，就没有什么机会了！"

自两人结识以来，姬丹一直将荆轲奉为上卿。荆轲从太子的举止中看得出来，"刺秦"之计必须马上实施，但要接近秦王，需要一个合理的理由，便说道："我贸然前往秦国，很难取信于秦王。听说，秦王对樊於^{wū}期^{jī}将军恨之入骨，谁能抓到他，就赏黄金一千斤，赐封邑一万户。如果秦王知道燕国已将樊将军处死，定会喜出望外，对我放松警惕。到时，我再呈上督亢^{kàng}地区（燕国肥沃之地，即今河北省涿^{zhuō}州市东，跨涿州、固安等地）的地图，便大有可能完成任务！"

樊於期本是秦国将领，因得罪秦王而惨遭灭门。他侥幸逃到燕国，成为姬丹的座上宾。所以，荆轲的计策让姬丹很为难，姬丹答道："樊将军走投无路之时来投奔我，我怎能为了自己而杀害他？这件事不要再提了，阁下另想对策吧！"

荆轲完全理解太子的立场，可万一秦王知道燕国收留了秦国要犯，将会毫不犹豫地进攻燕国。到那时，自己和樊於期还怎么报答太子的恩情呢？想清楚后，荆轲便找到樊於期，对他说："秦王对将军既狠毒又绝情，不但杀害您的全家，还开出优厚的条件通缉将军。现在，您打算怎么办？"

听了对方的这番话，樊於期的双眼湿润了。他倔强地仰着头，不让泪水流下。他哽咽着，悲叹道："每次想到这些事情，我都悲痛入骨！更让我痛心的是，我竟想不出任何办法报仇！"

"办法眼下就有！既解燕国之患，又报将军之仇！"话音刚落，樊於期便凑上去，询问详情。随后，荆轲加重了语气，说道："假使我把将军的首级献给秦王，秦王必会高兴地亲自接见我。"荆轲把面前的樊於期当作秦王，边演示边说，"我左手揪住他的衣袖，右手将事先藏好的匕首刺进他的胸膛。秦王一死，将军得以报仇雪恨，太子从此高枕无忧。将军以为此计如何？"

樊於期说："这正是我日思夜想的事情，今天终于有了答案！"随后，他拔剑自刎^{wěn}。

听到樊於期自杀的消息，姬丹马上赶到现场，趴在樊於期的遗体上放声痛哭。他哭了好一阵儿才睁开眼，看到樊於期僵硬的脸上留着一丝满足的笑容。

木已成舟，姬丹便命人将樊於期的首级保存在木匣中，留作"刺秦"之用。之后，他高价购买了一把锋利的匕首，又让人在匕首上沾满毒药。即便有人被其轻微划伤，也会当场毙命。燕国勇士秦舞阳作为副使，要与荆轲一同赴秦。

时间飞快，启程的日子转眼就到。可是，姬丹连催了好几次，荆轲却迟迟不肯出发。姬丹急了，以为荆轲事到临头，变得胆怯，便找到他，生气地问道："莫非阁下有顾虑？既然如此，就让秦舞阳先你一步出发吧！"

此言一出，荆轲立刻气血上涌，说道："太子何必挖苦我？如果不能完成使命，那我就是十足的小人！在戒备森严的秦王宫行刺，成败难测，所以我邀请一位朋友与我同行，确保'刺秦'之计万无一失。为了等他，确实耽搁了一些时间。既然太子如此见疑，我这就前往秦国！"

没能等到朋友，荆轲只得带着遗憾出发。

"怎么回事？"一些大臣十分不解——这天是在易水畔^{pàn}送别荆轲、秦舞阳的日子，送行队伍中的一些人头戴白冠，

身着白衣，表情悲痛。他们不像是来送行，而像是在吊丧。

这些人正是太子和他的心腹宾客。他们了解"刺秦"的内情，知道荆轲这一去生死难测，才会如此着装，以示哀痛。

送行仪式完毕，荆、秦二人该启程了。荆轲正准备转身，突然传来一声弦音，原来是他的好朋友、燕国乐师高渐离在击筑。

于是，荆轲停下脚步，随着弦音，放声歌唱："燕国之风，萧萧悲鸣，易水之寒，彻入肌骨，壮士既去，终不回首！"高渐离的弦音越发慷慨激昂，在场之人无不睁大了眼睛，头发都快竖起来了。

曲终人去，荆轲的背影渐渐模糊在众人的视线中。

荆轲、秦舞阳到达秦国后，携樊於期首级和夹有毒匕首的督亢地图，面见秦王。荆轲献图时，图穷匕首见，他拿起匕首，刺秦王不中，与秦舞阳双双被杀。

易水悲歌

107